Super Säfte!

Erin Quon + Briana Stockton

FOTOS
Sara Remington

EDEL

ENERGIE

Kapitel eins

Leichte, erfrischende Säfte mit Früchten und Kräutern, die Energie liefern und den Stoffwechsel in Schwung bringen.

POWER

Kapitel zwei

Vollwertige und sättigende Säfte, die eine Mahlzeit ersetzen können, mit vielen Vitaminen, Ballaststoffen und gesunden Fettsäuren.

DETOX

Kapitel drei

Entgiftende Säfte, reich an entschlackenden, reinigenden Zutaten und vollwertigen Rohgewürzen.

STÄRKE

Kapitel vier

Vitamin- und mineralstoffreiche Säfte, die das Immunsystem auf natürliche Weise stärken.

Wissenswertes zum ENTSAFTEN

Durch das tägliche Trinken von frisch gepressten Obst- und Gemüsesäfte stellen Sie ganz einfach sicher, dass Sie alle wichtigen Vitamine und Mineralstoffe zu sich nehmen, die für eine ausgewogene, gesunde Ernährung notwendig sind. Noch dazu ist es besonders einfach, frische Zutaten schnell, lecker und leicht verdaulich zu sich zu nehmen, wenn man sie selbst entsaftet.

Frisch gepresste Säfte haben unzählige positive Eigenschaften: Sie liefern Energie;

sie machen satt und sind reich an vollwertigen, leicht bekömmlichen Inhaltsstoffen; sie wirken entgiftend; sie stärken das Immunsystem und vieles mehr! Außerdem trägt das regelmäßige Trinken von frischen Säften dazu bei, gesunde Essgewohnheiten zu entwickeln und Erkrankungen und Gesundheitsproblemen vorzubeugen – und das alles spielend leicht! Der regelmäßige Genuss von frischen Säften kann mitunter sogar den Gewichtsverlust unterstützen.

Wir haben dieses Buch in vier Hauptkapitel aufgeteilt, so finden Sie schnell, was Sie gerade brauchen: Leichte, energieliefernde Säfte bringen den Stoffwechsel in Schwung und sorgen für den perfekten Start in den Tag; vollwertige, ballaststoffreiche Säfte machen satt und können auch mal eine leichte Mahlzeit ersetzen; reinigende Säfte mit Detoxwirkung fördern das Entschlacken; Säfte mit antioxidativen und antibakteriellen Inhaltsstoffen wirken entzündungshemmend, stärken das Immunsystem und bringen den Flüssigkeitshaushalt ins Gleichgewicht.

Anfänger, aber auch begeisterte Safttrinker finden auf den folgenden Seiten wertvolle Tipps, Tricks und wissenswerte Informationen rund um das Entsaften.

Frische Obst- und Gemüsesäfte haben viele positive Eigenschaften - sie sind gesund, hydratisierend, liefern Energie und es gibt unzählige Möglichkeiten, gesunde Zutaten zu kombinieren. Säfte sind der Schlüssel, um Ihren Körper mit köstlich schmeckenden, gesunden Nährstoffen zu versorgen. Wir kamen aus ganz unterschiedlichen Gründen auf den Geschmack des Entsaftens (Erin ließ sich von Freunden inspirieren und Briana, schon seit sechs Jahren begeisterte Safttrinkerin, findet, dass frische Säfte ihre Rohkosternährung perfekt ergänzen). Sobald wir die Vorteile dieser Vitaminbomben einmal am eigenen Körper gespürt haben, waren wir begeistert! Und als uns bewusst geworden ist, wie viel Geld wir für fertige Säfte ausgeben, die noch dazu oft Zusatzstoffe beinhalten oder mit Wasser gestreckt werden, war uns klar: Es ist Zeit, unsere eigenen gesunden und leckeren Säfte zu kreieren. Anfangs dachten wir, es reiche, eine günstige elektrische Saftpresse zu kaufen - wir sind uns aber schnell einig geworden, dass wir nicht nur in ein Küchengerät investieren, sondern in einen gesunden Lebensstil.

Wenn man uns fragt, warum wir so überzeugt vom Entsaften sind, lautet die einfache Antwort: Weil frische Säfte Teil unseres Lebensstils geworden sind (Erins Tag beginnt mit dem Entsaften von frischen Zutaten für ihre Familie: vom einfachen Orangensaft bis hin zu gewagten Grünkohl-Rüben-Säften wird alles ausprobiert. Für Briana haben frische Säfte einen festen Platz im Tagesablauf: zum Frühstück, nach dem Workout und vor Kundenterminen). In unseren Jobs sind wir viel unterwegs und Säfte versorgen uns zwischendurch mit Flüssigkeit und Energie, so überstehen wir auch lange Arbeitstage. Wir fühlen uns voller Energie und das brauchen wir auch, um unseren Kunden immer 100 % Leistung bieten zu können. Aber selbst gepresste Säfte liefern nicht nur Energie - sie helfen nebenbei, den Körper zu reinigen und das Immunsystem zu stärken.

Wir freuen uns sehr, die Rezepte in diesem Buch auch mit Ihnen teilen zu können, weil diese Säfte den Körper optimal mit Vitaminen und Mineralstoffen versorgen, Wasserverlust ausgleichen und einfach toll schmecken. Nur wenig Geld und ein kurzer Besuch auf dem Markt und schon ist man mit allen Zutaten für köstliche, frische Säfte eingedeckt. Und Sie bekommen, anders als beim Kauf von fertigen Säften, eigentlich noch mehr für Ihr Geld: Sie können nicht nur leckere Säfte genießen, Ihnen bleiben auch noch das konzentrierte, ballaststoffreiche Fruchtfleisch (Trester). Wir verwenden Gemüsetrester als Basis für Suppen oder Muffins und Nusstrester als Salattopping oder im Keksteig.

Wir hoffen, dass Sie die Saftrezepte in diesem Buch inspirieren. Wir haben unsere Lieblingsrezepte sorgfältig ausgewählt - das sind die Säfte, die wir selbst jeden Tag trinken, um uns gesund, energiegeladen und ohne Flüssigkeitsmangel durch den Tag zu bringen. Sie finden in diesem Buch mehr als 90 Rezepte - aber trauen Sie sich auch, zu experimentieren! Sie werden überrascht sein, wie gut selbst die ausgefallensten Kombinationen schmecken. Das Schöne an selbst gepressten Säften ist, dass einfach nichts schief gehen kann: Sie versorgen den Körper mit wichtigen Nähr- und Vitalstoffen und das ist das Wichtigste.

Entsaften – warum, wann & wie

Warum Frische Säfte haben unzählige Vorteile: Sie halten gesund, liefern Energie, unterstützen den Gewichtsverlust, beugen Erkrankungen vor und, und, und. Wir können nicht garantieren, dass die positiven Ergebnisse sofort bemerkbar sind, aber wir sind uns sicher, dass sich das tägliche Trinken von frischen Säften positiv auf Ihr Wohlbefinden und Ihr Körpergefühl auswirken wird. Nur ein Glas frischer Saft versorgt Sie mit mehr Nährstoffen, als viele Menschen den ganzen Tag über zu sich nehmen, und Sie können Ihre Lieblingszutaten einfach und schnell zubereiten. Säfte sind gesund, erfrischend und geben dem Körper schnell, was er braucht.

Wann Wann Sie Entsaften wollen, hängt ganz von Ihnen ab. Ein frischer Saft ist ein toller Energie- und Nährstoffschub und so der perfekte Start in den Tag – und Sie brauchen kein Koffein, um wach zu werden. Es gibt Säfte, die gesunde Fette und Ballaststoffe enthalten und schnell satt machen – perfekt als einfache, schnelle, gesunde Zwischenmahlzeit. Wenn Sie sich auf eine emotional oder körperlich anstrengende Aufgabe vorbereiten, wie eine Reise, eine Prüfung oder einen sportlichen Wettkampf, dann raten wir zu den Säften, die das Immunsystem stärken. Bei Völlegefühl oder übermäßigem Alkoholgenuss gibt es Säfte, die Giftstoffe einfach aus dem Körper spülen. Irgendwann werden Sie nicht mehr genug bekommen, sodass Sie zum Entsafter greifen, einfach weil Ihnen danach ist!

Wie Man muss natürlich etwas Einsatz zeigen, aber die positive gesundheitliche Langzeitwirkung macht die Mühe wett. Zuerst muss man in einen Entsafter investieren. Als kleine Hilfe haben wir die Vorteile und Funktionen zweier handelsüblicher Modelle auf den Seiten 12-13 gegenübergestellt. Dann ist es wichtig, immer frische Zutaten zu Hause zu haben – so kann man in Sekundenschnelle den Saft zubereiten, auf den man gerade Lust hat oder den der Körper gerade braucht! Die Säfte am besten frisch genießen, doch bei einem vollen Terminkalender ist es einfacher, wenn man bereits eine Auswahl an frischen Säften im Kühlschrank hat. Die meisten Säfte kann man bis zu drei Tage gekühlt aufbewahren oder sogar einfrieren. (Eingefrorene Säfte am besten über mehrere Stunden langsam im Kühlschrank auftauen lassen!) Und zu guter Letzt: Trauen Sie sich, zu experimentieren! Durch das Kombinieren von Zutaten finden Sie schnell heraus, was gut schmeckt, und vor allem, was Ihnen gut tut.

über das SAFTFASTEN

Der Begriff Saftfasten bezeichnet eine spezielle Form des Heilfastens. Dabei werden über einen begrenzten Zeitraum ausschließlich nährstoffreiche Säfte – bis zu fünf täglich – anstelle der Mahlzeiten getrunken. Saftfasten sorgt dafür, dass der Verdauungstrakt Pause machen kann und der Körper trotzdem optimal mit Vitaminen und Mineralstoffen versorgt wird. Manchmal wird es auch als wirksames Mittel zum Gewichtsverlust angepriesen. Wenn Sie eine Saftkur machen möchten, ist es wichtig, zuerst einen Arzt oder Ernährungsspezialisten zu konsultieren, mit dem Sie einen Fastenplan erstellen, der sich mit Ihren gesundheitlichen Bedürfnissen und persönlichen Zielen deckt. Saftfasten ist nicht für Kinder oder Schwangere geeignet, und es gibt keine Garantie für den gesundheitlichen Nutzen oder den Gewichtsverlust durch Saftfasten. Ein guter Einstieg ist es, einfach eine (Zwischen)Mahlzeit durch ein Glas frischen Saft zu ersetzen. Dabei ist es wichtig, weiches und fasriges Obst und Gemüse zu kombinieren, um einen ausgewogenen Saft anstelle der normalen Mahlzeit zu sich zu nehmen.

Den richtigen Entsafter finden

Den richtigen Entsafter zu finden ist gar nicht so einfach. Es gibt viele verschiedene Modelle auf dem Markt, die alle mit unterschiedlichen Funktionen und Vorteilen werben. Die zwei beliebtesten Entsafter-Modelle sind die langsam drehende Saftpresse und der Zentrifugen-Entsafter. In der folgenden Gegenüberstellung finden Sie die Funktionen und die Vorteile jedes Modells. Wir hoffen, Ihnen so eine kleine Entscheidungshilfe bei der Suche nach dem perfekten Entsafter für Ihre Bedürfnisse geben zu können.

Langsam drehende Saftpresse

Mit langsamer Umdrehungszahl wird Obst und Gemüse zuerst zu einem Brei verarbeitet und dann durch ein Sieb gepresst. Die Saftausbeute ist besonders hoch und es wird nicht so viel Sauerstoff in den Saft gewirbelt.

FUNKTIONEN UND VORTEILE:

Das Entsaften dauert etwas länger als mit einem Zentrifugen-Entsafter.

Durch die geringere Umdrehungszahl entsteht nicht so viel Hitze und hitzeempfindliche Enzyme werden nicht geschädigt.

Für die beste Saftausbeute schneiden Sie die Zutaten in etwa 5 cm große Stücke.

Bei vielen Modellen kann man einstellen, wie viel Fruchtfleisch der Saft enthalten soll.

Durch die geringe Umdrehungszahl ist die Gefahr der Oxidation (wenn der Saft seine natürliche Farbe verliert) und der Absonderung (Schaum auf dem Saft und das Absetzen von Fruchtfleisch) geringer.

Liefert im Vergleich zu Zentrifugen-Entsaftern 35 % mehr Saft und erhält 60 % mehr Vitamine beim Pressen von bestimmten frischen Zutaten, wie Kräutern und Blattgemüse.

Mit einigen Modellen lassen sich auch Smoothies zubereiten.

Zentrifugen-Entsafter

Durch eine sich sehr schnell drehende Reibscheibe wird Obst und Gemüse zerkleinert. Dann wird es durch die Zentrifugalkraft gegen ein Sieb gepresst und so entsaftet.

FUNKTIONEN UND VORTEILE:

Das Entsaften geht sehr schnell, was bei einem vollen Terminkalender hilfreich sein kann.

Viele Modelle haben einen breiten Einfüllstutzen, sodass die meisten Zutaten nicht in Stücke geschnitten werden müssen.

Bei manchen Modellen lassen sich zwei Umdrehungsstufen auswählen: langsamer für weiches und schneller für robusteres Pressgut.

Durch die hohe Umdrehungszahl ist die Gefahr der Oxidation (wenn der Saft seine natürliche Farbe verliert) und der Absonderung (Schaum auf dem Saft und das Absetzen von Fruchtfleisch) größer.

Gute Saftausbeute bei weichem Pressgut mit hohem Flüssigkeitsgehalt, nicht ganz so gute Saftausbeute bei fasrigem Pressgut und Blattgemüse.

Meist sind Zentrifugen-Entsafter günstiger als langsam drehende Saftpressen.

Die Pflege des ENTSAFTERS

Um das Beste aus den frischen Zutaten zu holen, ist es wichtig, den Entsafter richtig zu pflegen. Ein schlecht funktionierender Entsafter führt dazu, dass Zutaten verschwendet werden und die Saftausbeute geringer ausfällt, als sie eigentlich sein könnte. Wenn Sie mehrere Gläser Saft direkt nacheinander pressen wollen, lassen Sie nach jedem Glas ein bis zwei Gläser Wasser durch den Entsafter laufen. Machen Sie den Entsafter nicht zu voll. Die besten Ergebnisse erzielen Sie, wenn Sie in der Bedienungsanleitung Ihres Entsafters nachlesen, wie die Zutaten zum Entsaften vorbereitet werden sollen.

Lernen Sie Ihren Entsafter kennen

Wenn Sie sich für einen Entsafter entschieden haben, nehmen Sie sich etwas Zeit, um das Gerät und seine Funktionen kennenzulernen. Versuchen Sie zum Beispiel, den Entsafter auseinanderzubauen. Wenn Sie die Funktionsweise Ihres Entsafters verstehen, lassen sich viele Probleme vermeiden. Entsafter bestehen aus mehreren Teilen, die nach einem bestimmten System Flüssigkeit aus dem Pressgut extrahieren und vom Trester trennen. Da jeder Entsafter aus unterschiedlichen Teilen besteht, ist es wichtig, die Bedienungsanleitung des Entsafters zu lesen, um die richtige Handhabung kennenzulernen.

Die drei Komponenten, die jeder Entsafter hat, sind: der Einfüllstutzen, der Auslaufstutzen und der Behälter für den Trester. Bevor Sie anfangen zu entsaften, bereiten Sie Ihre Zutaten vor (putzen, waschen und, wenn nötig, schneiden) und stellen Sie diese neben dem Entsafter bereit. Stellen Sie auch die Gefäße zum Auffangen des Safts und des Tresters bereit. Wenn Sie einen Entsafter haben, bei dem der Auslaufstutzen geschlossen werden kann, stellen Sie sicher, das dieser jetzt offen ist. Und dann kann es losgehen: Geben Sie die vorbereiteten Zutaten nach und nach in den Einfüllstutzen – am besten abwechselnd fasriges und weiches Pressgut. Bei manchen Modellen erhält man auch einen Stopfer, mit dem man beim Einfüllen von Obst und Gemüse etwas nachhelfen kann. Warten Sie, bis der Saft aus dem Auslaufstutzen läuft und, bei Modellen mit externem Trester-Auslaufstutzen, bis der Trester austritt. Reinigen Sie den Entsafter gleich nach der Benutzung nach den Angaben in der Bedienungsanleitung

Der beste Weg, um Ihren Entsafter kennenzulernen und von Ihrer Investition am meisten zu profitieren, ist, ihn oft zu benutzen. Sehen Sie die Rezepte in diesem Buch als Inspiration und experimentieren Sie mit Geschmack, Farbe und Struktur der Zutaten. Testen Sie die unterschiedlichen Einstellungen und Teile Ihres Entsafters (wie grobe oder feine Siebeinsätze für Saftpressen und unterschiedliche Umdrehungsgeschwindigkeiten bei Zentrifugen-Entsaftern), um herauszufinden, ob Sie Ihren Saft mit weniger oder mit mehr Fruchtfleisch genießen wollen. Experimentieren Sie (ohne zu übertreiben) mit den unterschiedlichen, essbaren Teilen von Obst und Gemüse. Mehr Informationen zur Vorbereitung der Zutaten finden Sie auf Seite 17.

Und um herauszufinden, welche Kombinationen Ihnen am besten schmecken, entsaften Sie Zutaten einfach einzeln und kombinieren Sie die fertigen Säfte. So können Sie neue Kombinationen entdecken, ohne Zutaten zu verschwenden.

Die Vorbereitung der Zutaten

Die Vorbereitung der Zutaten besteht im Wesentlichen darin, die Zutaten zu waschen und in Stücke zu schneiden, die so groß sind, dass sie in den Einfüllstutzen Ihres Entsafters passen. Hier noch ein paar nützliche Tipps:

Ganze Zutaten waschen, um Erd- und Sandrückstände zu entfernen. Mit einer Bürste löst sich hartnäckiger Dreck.

Vor dem Entsaften schälen: Alle Zutaten mit nicht essbarer oder bitterer Schale, wie Avocados oder Zitronen, sollten geschält werden. Möchten Sie Zutaten mit Schale entsaften, waschen Sie sie vorher gründlich.

Harte Kerne, wie etwa die von Steinobst wie Kirschen und Pfirsichen, entfernen. Kleine, weiche Kerne, wie die von Äpfeln, Birnen oder Zitronen, müssen nicht entfernt werden. Papayasamen zum Beispiel sind sogar besonders nährstoffreich!

Blattgemüse und Kräuter in einem Sieb in ein mit kaltem Wasser gefülltes Waschbecken geben, mit den Händen waschen und dann abtropfen lassen. Wenn nötig, mehrmals wiederholen.

Für zusätzliche Nährstoffe können auch Blätter und Stiele von einigen Obst und Gemüsesorten, wie zum Beispiel Erdbeerstiele oder das Grün von Karotten, Fenchel, Sellerie und Rüben, mit entsaftet werden.

Nüsse vor dem Entsaften mindestens fünf, besser noch acht Stunden in Wasser einweichen.

Die Vorbereitung der Zutaten wirkt sich auf den Geschmack des Safts aus. So geben zum Beispiel Zitronen, die mit Schale entsaftet werden, dem Saft eine leicht bittere Note.

Die Zutat „1 Stück frischer Ingwer", entspricht einem etwa 1 cm großen Stück Ingwerknolle. Ingwer kann mit oder ohne Schale entsaftet werden.

Bei einigen Rezepten finden Sie als Zutat frische Kurkuma. Kurkuma sieht ähnlich aus wie Ingwer und man erhält die Wurzel auf vielen Märkten und in Naturkostläden. Kurkuma kann mit oder ohne Schale entsaftet werden.

Einige Zutaten, wie Kokoswasser, Kokosöl und Chiasamen, werden einfach in den fertigen Saft gerührt, um ihm mehr Volumen und Nährstoffe zu verleihen.

alles über HONIG

Honig darf laut Honigverordnung bei der Verarbeitung nicht erhitzt und es darf ihm nichts hinzugefügt und nichts entzogen werden – dadurch ist Honig zu 100 % naturbelassen. Ausnahmen sind gefilterter Honig, dem Pollen entzogen werden, und Backhonig für industrielle Zwecke. Honig sollte kühl, dunkel und in trockener Umgebung gelagert werden, damit die Enzyme und Aromastoffe erhalten bleiben. Bei der Erwärmung über 40 Grad gehen wichtige Inhaltsstoffe verloren, weswegen man Honig nicht kochen sollte. Honig wirkt leicht entzündungshemmend und antibakteriell (aber nur sterilisierten medizinischen Honig verwenden!). Babys unter zwölf Monaten, soll kein Honig gegeben werden, da ihre Darmflora noch nicht voll ausgebildet ist und Honig Bakterien enthalten kann, die zu Infektionen führen können.

Aufbewahrung FRISCHER SÄFTE

Frisch gepresster Saft enthält die meisten Nährstoffe, wenn man ihn innerhalb von 24 Stunden trinkt – dann schmeckt er auch besonders gut! Man kann Säfte in luftdicht verschlossenen Flaschen oder Behältern bis zu 72 Stunden im Kühlschrank aufbewahren. Wenn Sie den Trester auch verwenden wollen (siehe Seite 8 für einige Tipps zur Verwendung des frischen Tresters), sollten Sie dies innerhalb von 24 Stunden tun, so hat der Trester den besten Geschmack und eine gute Struktur. Sie können Trester auch einfrieren und bei Bedarf einfach auftauen.

Tipps und Tricks zum Entsaften

Das Schöne beim Entsaften ist, dass es unendlich viele Kombinationsmöglichkeiten gibt. Ganz egal, ob frisches Obst oder Gemüse – Sie tun ihrem Körper auf jeden Fall etwas Gutes und versorgen ihn mit wichtigen Nährstoffen. Hier einige Tipps zum Experimentieren:

Farbkombinationen

Je unterschiedlicher die Zutaten, desto nährstoffreicher und leckerer wird der Saft – auch wenn er leicht bräunlich ist, tut das dem Geschmack keinen Abbruch!

Farbkorrekturen

Studien zeigen, dass man von optisch ansprechendem Essen schneller und nachhaltiger satt wird. Geben Sie Zutaten mit kräftigen Farben, wie Rote Bete, Karotte oder Blattgemüse, zum Saft. Einige Spritzer Zitronensaft sorgen dafür, dass sich die Zutaten nicht verfärben.

Inspirationsquellen

Sie sind nicht sicher, welche Zutaten Sie kombinieren können? Die Antwort: Zutaten, die für Sie auch in „ganzer“ Form zusammenpassen. Denken Sie an Ihre Lieblingszutaten für einen Salat oder Snack und lassen Sie sich davon inspirieren.

Strukturvariation

Kombiniert man weiche, flüssigkeitsreiche Zutaten (wie Birne, Gurke oder Zitrusfrüchte) mit faserigen, robusten Zutaten (wie Grünkohl, Gemüse oder Nüssen) erhält man einen ausgewogenen Saft und man braucht nicht so viel Pressgut für ein Glas Saft.

Geschmacksprobe

Sie können Zutaten kombinieren, indem Sie sie nacheinander entsaften – probieren Sie den Saft nach jeder neuen Zutat, so können Sie dazugeben, was geschmacklich noch fehlt. Wir empfehlen allerdings, Zutaten einzeln zu pressen und die fertigen Säfte zu kombinieren.

Kühlschrank leeren

Durch das regelmäßige Entsaften von frischen Zutaten sorgen Sie dafür, dass Kühlschrank und Obstschale regelmäßig geleert werden – und es fällt Ihnen sicher auch leichter, sie immer wieder aufzufüllen.

Säfte einfrieren

Die meisten Säfte können Sie mit gutem Gewissen einige Tage einfrieren. Wenn Sie dann Lust auf einen frischen Saft haben, lassen Sie ihn einfach langsam im Kühlschrank auftauen.

ENERGIE

In diesem Kapitel

Säfte, die ENERGIE LIEFERN

Energiespendende Säfte, vollgepackt mit intensiv leuchtendem Obst und leichtem Gemüse, sind ein toller Start in den Tag und machen auch zwischendurch wieder munter. Lassen Sie sich doch statt von der üblichen Tasse Kaffee von einem frischen Saft wach machen, der Ihren Stoffwechsel in Schwung bringt. Gesünder, einfacher und reiner geht es nicht! Durch Zutaten mit hohem Flüssigkeits und geringem Ballaststoffgehalt bereiten diese Säfte Ihrem Verdauungssystem auch am Morgen keine Schwierigkeiten (vom frühen Morgen bis ungefähr mittags befindet sich unser Körper in der Ausscheidungsphase und die Säfte in diesem Kapitel unterstützen die natürlichen Prozesse, die jetzt im Körper ablaufen). Diese Säfte sind sehr leicht, daher sollte man danach am besten noch einen Frühstücks-Shake, ein gesundes Frühstück oder einen vollwertigen Nachmittagssaft zu sich nehmen. Unter den muntermachenden Zutaten in diesem Kapitel sorgen vor allem tropische Früchte und Zitrusfrüchte für einen extra Vitamin-C-Schub. Eine Extraportion Vitamin C ist der perfekte Start in den Tag – in diesen Säften steckt mehr als im ganz normalen Glas Orangensaft zum Frühstück: Knackige Äpfel halten den Blutzuckerspiegel und die Darmflora im Gleichgewicht; Trauben enthalten Inhaltsstoffe, die der Müdigkeit entgegenwirken und wertvolle Antioxidantien liefern; frische Minze ist ein natürlicher Muntermacher, der die Speicheldrüsen und die Verdauung anregt. Und das sind nur einige der Zutaten, die Sie mit Schwung in den neuen Tag starten lassen.

Noch mehr energieliefernde Zutaten finden Sie auf den Seiten 26–27.

energieliefernde ZUTATEN

Mangos

Durch die hohe Kalium-Konzentration halten Mangos den Blutdruck im Gleichgewicht und machen nachhaltig satt. Sie enthalten zahlreiche proteinspaltende Enzyme und bringen dadurch den Stoffwechsel in Schwung.

Trauben

Rote und blaue Trauben enthalten sehr viel antioxidativ wirkendes Mangan, das außerdem den Blutzuckerspiegel reguliert. Sie überzeugen durch ihre natürliche Süße und den niedrigen glykämischen Index.

Kiwis

Kiwis enthalten außergewöhnlich viel Vitamin C und liefern dadurch auf natürliche Weise Energie. Mit ihrem niedrigen glykämischen Index halten Kiwis den Blutzuckerspiegel in Balance und machen lange satt.

Ananas

Ananas enthalten jede Menge Vitamin C und liefern auf natürliche Weise Energie. Außerdem enthalten Sie besonders viel Vitamin B, das die Verdauung anregt. Weitere Inhaltsstoffe bringen den Kreislauf in Schwung.

Äpfel

Äpfel enthalten besonders viel Quercetin, ein natürliches Flavonoid, dass die Verarbeitung von Kohlenhydraten verlangsamt und so dafür sorgt, dass die Energie länger verfügbar ist und der Blutzuckerspiegel in Balance bleibt.

frische Minze

Der intensive Geschmack von frischer Minze regt die Speichelproduktion an – es werden Verdauungsenzyme ausgeschüttet und der Stoffwechsel wird auf natürliche Weise angeregt.

Kirsche-Tangerine-Apfel

375 g frische, entkernte Süßkirschen oder aufgetaute Tiefkühlkirschen

3 Tangerinen

1 grüner Apfel

Die Kirschen, wenn nötig, entstielen. Die Tangerinen schälen. Den Apfel in Stücke schneiden. Die Kirschen, die Tangerinen und den Apfel zusammen entsaften.

Ergibt etwa 500 ml

Sonnenaufgang

1 kleine Zitrone

1 Orange

1 Papaya

1 kleines Stück frische Kurkuma

1 Stück frischer Ingwer

4 Karotten

Die Zitrone, die Orange und die Papaya schälen, in Stücke schneiden und zusammen mit der Kurkuma, dem Ingwer und den Karotten entsaften.

Ergibt etwa 500 ml

Kirsche-Beeren-Apfel

375 g frische, entkernte Süßkirschen oder aufgetaute Tiefkühlkirschen

1 grüner Apfel

250 g Himbeeren

250 g Erdbeeren

Die Kirschen, wenn nötig, entstielen. Den Apfel in Stücke schneiden und zusammen mit den Kirschen, den Himbeeren und den Erdbeeren entsaften.

Ergibt etwa 500 ml

Rise + Shine

$^1/_2$ Zuckermelone

1 rosa Grapefruit

1 kleine Knolle Gelbe Bete

1 kleines Stück frischer Ingwer

250 g Himbeeren

Die Schale und Kerne der Melone entfernen. Die Grapefruit schälen. Die Melone, die Grapefruit und die Gelbe Bete in Stücke schneiden und zusammen mit dem Ingwer und den Himbeeren entsaften.

Ergibt etwa 500 ml

Ananas-Banane-Erdbeere

1 Banane

½ Ananas

250 g Erdbeeren

Die Banane schälen. Die Ananas schälen, in Stücke schneiden und zusammen mit der Banane und den Erdbeeren entsaften.

Ergibt etwa 500 ml

Tropischer Morgen

2 Mangos

1 Limette

1 Papaya

1 Orange

8 frische Minzeblätter

Die Mangos schälen und die Kerne entfernen. Die Limette, die Papaya und die Orange schälen, in Stücke schneiden und zusammen mit den Mangos und der frischen Minze entsaften.

Ergibt etwa 500 ml

Tropischer Beeren-Minze-Mix

¼ Ananas

1 Kiwi

1 Birne

125 g Brombeeren

30 frische Minzeblätter

250 g Blaubeeren

Die Ananas schälen und in Stücke schneiden. Die Kiwi schälen. Die Birne ebenfalls in Stücke schneiden und zusammen mit der Ananas, der Kiwi, den Brombeeren, der Minze und den Blaubeeren entsaften.

Ergibt etwa 500 ml

Muntermacher

1 große Ananas

1 Birne

30 frische Minzeblätter

125 g Erdbeeren

Die Ananas schälen und in Stücke schneiden. Die Birne ebenfalls in Stücke schneiden und zusammen mit der Ananas, der frischen Minze und den Erdbeeren entsaften.

Ergibt etwa 625 ml

INGWER-GELBE BETE-APFEL

3 Knollen Gelbe Bete
1 grüner Apfel
1 Stück frischer Ingwer

Die Gelbe Bete und den Apfel in Stücke schneiden und zusammen mit dem Ingwer entsaften.

Ergibt etwa 500 ml

Apfel-Nektarine-Erdbeere

- 3 grüne Äpfel
- 1 Nektarine
- ½ Bund frische Petersilie
- 125 g Erdbeeren

Die Äpfel in Stücke schneiden. Die Nektarine halbieren und den Kern entfernen und zusammen mit den Äpfeln, der Petersilie und den Erdbeeren entsaften.

Ergibt etwa 500 ml

Apfel-Beeren-Energie

- 2 grüne Äpfel
- 625 g Brombeeren

Die Äpfel in Stücke schneiden und zusammen mit den Brombeeren entsaften.

Ergibt etwa 625 ml

Petersilie-Kiwi-Zitrusfürchte

4 Kiwis

2 Orangen

1 Zitrone

½ Bund Petersilie

Die Kiwis, die Orangen und die Zitrone schälen, in Stücke schneiden und zusammen mit der Petersilie entsaften.

Ergibt etwa 500 ml

Orange-Karotte-Melone

½ Zuckermelone

2 Orangen

8 Karotten

Die Schale und Kerne der Melone entfernen und das Fruchtfleisch in Stücke schneiden. Die Orangen schälen, in Stücke schneiden und zusammen mit der Melone und den Karotten entsaften.

Ergibt etwa 500 ml

Sellerie & Wassermelone

470 g Wassermelone

1 Limette

6 Selleriestangen

Die Melone und die Limette schälen, in Stücke schneiden und zusammen mit dem Sellerie entsaften.

Ergibt etwa 500 ml

Grüner Start in den Tag

3 Kiwis

3 grüne Äpfel

1 Gurke

10 frische Minzeblätter

Die Kiwis schälen und in Stücke schneiden. Die Äpfel und die Gurke ebenfalls in Stücke schneiden und zusammen mit den Kiwis und der frischen Minze entsaften.

Ergibt etwa 500 ml

Spritziger Erdbeer-Trauben-Saft

½ Limette

750 g rote oder blaue Trauben

250 g Erdbeeren

Die Limette schälen, in Stücke schneiden und zusammen mit den Trauben und den Erdbeeren entsaften.

Ergibt etwa 500 ml

Obstsalat

1 rosa Grapefruit

¼ Zuckermelone

250 g Erdbeeren

185 g rote oder blaue Trauben

Die Grapefruit schälen und in Stücke schneiden. Die Schale und Kerne der Melone entfernen, das Fruchtfleisch in Stücke schneiden und zusammen mit der Grapefruit, den Erdbeeren und den Trauben entsaften.

Ergibt etwa 500 ml

2 Rispen Trauben
Chiasamen

TRAUBEN-POWER-SAFT

Die Trauben von den Rispen zupfen und entsaften. Den Traubensaft in Gläser gießen, nach Geschmack Chiasamen unterrühren (mit 1 Esslöffel beginnen).

Ergibt etwa 500 ml

Guten Morgen in Grün

1 Honigmelone

1 Limette

4 Selleriestangen

Die Schale und Kerne der Melone entfernen und das Fruchtfleisch in Stücke schneiden. Die Limette schälen, in Stücke schneiden und zusammen mit der Melone und dem Sellerie entsaften.

Ergibt etwa 500 ml

Minze-Ananas-Gurke

½ Ananas

½ Limette

½ Gurke

10 frische Minzeblätter

1 Selleriestange

Die Ananas und die Limette schälen und in Stücke schneiden. Die Gurke ebenfalls in Stücke schneiden und zusammen mit der Ananas, der Limette, der frischen Minze und dem Sellerie entsaften.

Ergibt etwa 500 ml

Belebendes Elixier

500 g Wassermelone, ohne Kerne

1 Limette

1 Gurke

1 Stück frischer Ingwer

Die Wassermelone und die Limette schälen und in Stücke schneiden. Die Gurke in Stücke schneiden und zusammen mit der Wassermelone, der Limette und dem Ingwer entsaften.

Ergibt etwa 500 ml

Blaubeeriger Sonnenschein

2 Orangen

1 Zitrone

750 g rote Trauben

125 g Blaubeeren

Die Orangen und die Zitrone schälen, in Stücke schneiden und zusammen mit den Trauben und den Blaubeeren entsaften.

Ergibt etwa 500 ml

Sonnenschein-Saft

- 3 Orangen
- 1/4 Zuckermelone
- 2 grüne Äpfel
- 10 frische Minzeblätter

Die Orangen schälen und in Stücke schneiden. Die Schale und Kerne der Melone entfernen und das Fruchtfleisch in Stücke schneiden. Die Äpfel ebenfalls in Stücke schneiden und zusammen mit den Orangen, der Melone und der Minze entsaften.

Ergibt etwa 500 ml

Mango-Apfel-Ananas

- 1 Mango
- 1 Ananas
- 1 grüner Apfel

Die Mango schälen und die Kerne entfernen. Die Ananas schälen und in Stücke schneiden. Den Apfel ebenfalls in Stücke schneiden und zusammen mit der Mango und der Ananas entsaften.

Ergibt etwa 500 ml

Belebender Avocado-Kiwi-Zitrus-Saft

- 2 Orangen
- 1 Grapefruit
- 1 Kiwi
- 1 Avocado
- 3 Selleriestangen

Die Orangen, die Grapefruit, die Kiwi und die Avocado schälen. Den Kern der Avocado entfernen. Die Orangen und die Grapefruit in Stücke schneiden und zusammen mit der Kiwi, der Avocado und dem Sellerie entsaften.

Ergibt etwa 500 ml

Wachmacher

- 2 Kiwis
- 250 g Himbeeren
- 1 kleines Stück frische Kurkuma
- 1 Stück frischer Ingwer
- 125 g Erdbeeren

Die Kiwis schälen und zusammen mit den Himbeeren, der Kurkuma, dem Ingwer und den Erdbeeren entsaften.

Ergibt etwa 500 ml

POWER

In diesem Kapitel

Säfte, die SATT MACHEN

Für die Saftrezepte in diesem Kapitel haben wir uns von frischen, knackigen Salaten und Snacks inspirieren lassen – und herausgekommen sind vollwertige Säfte, die satt machen und den ganzen Tag Energie liefern. Ballaststoffreiches Gemüse, wie Grünkohl und Mangold, füllt den Magen, bewahrt vor Heißhungerattacken und enthält außerdem Antioxidantien, Kalium und Kalzium. Je dunkler und kräftiger das Grün, desto höher die Nährstoffkonzentration! Genauso wie grünes Blattgemüse als Grundlage für die meisten Salate dient, bildet es die Basis für die vollwertigen Säfte in diesem Kapitel. Und um gleich beim Salat zu bleiben, finden Sie hier unsere Lieblingssalatbegleiter: Süßkartoffeln halten den Blutzuckerspiegel in Balance; Avocados und Kokosöl (vor Gebrauch auf Raumtemperatur bringen!) enthalten gefäßschützende, einfach ungesättigte Fettsäuren; Gewürze sorgen für einen extra Geschmackskick und haben unzählige gesundheitsfördernde Eigenschaften.

Unser zweitliebster Mittagssnack, neben frischen Salaten, ist eine Handvoll Nüsse. Wir zeigen, wie man aus unseren vier Lieblingsnusssorten – Paranuss, Mandel, Haselnuss und Cashewnuss – köstliche Nussmilch zubereitet. Und die dritte Zutat, auf die wir in diesem Kapitel nicht verzichten wollen, sind natürliche Süßungsmittel, wie Honig, der viele wirksame Antioxidantien enthält. Ob Sie also auf der Suche nach einem süßen oder einem herzhaften Snack sind – hier finden Sie Säfte, die Sie mit Energie und Nährstoffen versorgen, den Körper beleben, nebenbei noch sattmachen und dem Körper viel Power geben.

Noch mehr sattmachende Zutaten finden Sie auf den Seiten 48-49.

sattmachende ZUTATEN

Nüsse

Nüsse sind reich an Proteinen und gesunden, einfach ungesättigten Fettsäuren. Zuerst in Wasser eingelegt und dann entsaftet, ergeben Sie wunderbar eine cremige, lactosefreie, vegane Milch. Paranüsse eignen sich besonders gut, um die cremige Milch, die reich an gesunden Fetten ist, selbst herzustellen. Aus Mandeln, Haselnüssen und Cashewnüssen lässt sich köstliche, leicht süße Nussmilch gewinnen.

Grünkohl

Grünkohl enthält jede Menge Beta-Carotin, Carotinoide, Vitamin A und Kalzium. Durch seinen hohen Ballaststoffgehalt hält er lange und nachhaltig satt. Wenn es bei Ihrem Entsafter möglich ist, die Menge des im Saft enthaltenen Tresters einzustellen, wählen Sie die Einstellung, die für mehr Fruchtfleisch im Saft sorgt – und so für noch mehr Ballaststoffe. Echte Saft-Liebhaber „kauen" dickflüssigen, tresterreichen Saft, um noch mehr Ballaststoffe freizusetzen.

Süßkartoffeln

Je dunkler das Fleisch der Süßkartoffel ist, desto mehr pflanzliche Nährstoffe enthält es. Das Wurzelgemüse ist reich an gesunden Kohlenhydraten, die den Blutzuckerspiegel im Gleichgewicht halten.

Avocados

Cremige Avocados sind reich an gesunden, einfach gesättigten Fettsäuren, die nachweislich den Abbau von Antioxidantien im Körper unterstützen und Herz und Gelenke schützen. Außerdem geben Avocados den Säften eine geschmeidige, cremige Konsistenz.

Mangold

Mangold und anderes Blattgemüse enthalten besonders viel Kalzium. Die knackigen Stiele sind reich an Ballaststoffen, die Hunger vorbeugen. Wenn es bei Ihrem Entsafter möglich ist, die Menge des im Saft enthaltenen Tresters einzustellen, wählen Sie die Einstellung, die für mehr Trester im Saft sorgt – für noch mehr Ballaststoffe.

Bananenmix

2 Bananen

1 Papaya

¼ Ananas

125 g Cranberrys

Die Banane, die Papaya und die Ananas schälen. Die Papaya und die Ananas in Stücke schneiden und zusammen mit der Banane und den Cranberrys entsaften.

Ergibt etwa 500 ml

Süß + Scharf

½ Ananas

2 kleine Äpfel

1 kleine Süßkartoffel

1 Stück frischer Ingwer

½ Jalapeño-Chilischote

Die Ananas schälen und in Stücke schneiden. Die Äpfel und die Süßkartoffel ebenfalls in Stücke schneiden und zusammen mit der Ananas, dem Ingwer und der Chilischote entsaften.

Ergibt etwa 500 ml

Gesundes Grün

2 Kiwis

1 Zitrone

1 grüner Apfel

1 Gurke

½ Kopf Grünkohl

½ Kopf Römersalat

Die Kiwis und die Zitrone schälen und in Stücke schneiden. Den Apfel und die Gurke ebenfalls in Stücke schneiden und zusammen mit den Kiwis, dem Grünkohl, der Zitrone, dem Römersalat und der Gurke entsaften.

Ergibt etwa 500 ml

Birne, Apfel + Blattgemüse

1 Birne

1 Apfel

1 Bund Regenbogen-Mangold

30 g frischer Blattspinat

½ Bund frische Petersilie

Die Birne und den Apfel in Stücke schneiden und zusammen mit dem Mangold, dem Spinat und der Petersilie entsaften.

Ergibt etwa 500 ml

SÜSSES BLATTGEMÜSE

3 Äpfel
2 Knollen Rote Bete
8 Blätter Grünkohl
1 Stück
frischer Ingwer

Die Äpfel und die Rote Bete in Stücke schneiden und zusammen mit dem Grünkohl und dem Ingwer entsaften.

Ergibt
etwa 500 ml

Cremiger Grünkohl-Saft

250 ml Cashewmilch (Seite 61)
2 Knollen Gelbe Bete
2 Bananen
1 Avocado
10 Blätter Grünkohl

Die Cashewmilch nach dem Grundrezept auf Seite 61 zubereiten. Die Gelbe Bete in Stücke schneiden. Die Bananen und die Avocado schälen und den Avocadokern entfernen. Den Grünkohl, die Bananen, die Avocado, und die Bete zusammen entsaften. Den Saft in Gläser gießen und die Cashewmilch unterrühren.

Ergibt etwa 500 ml

Karotte-Ingwer + Blattgemüse

1 grüner Apfel
45 g frischer Blattspinat
1 Stück frischer Ingwer
8 Blätter Grünkohl
4 große Karotten
1 EL Kokosöl

Den Apfel in Stücke schneiden und zusammen mit dem Spinat, dem Ingwer, dem Grünkohl und den Karotten entsaften. Den Saft in Gläser gießen und das Kokosöl unterrühren.

Ergibt etwa 500 ml

Perfekter Apfel-Spinat-Mix

- 1 Zitrone
- 2½ grüne Äpfel
- 1 Birne
- 45 g frischer Blattspinat
- 1 Selleriestange

Die Zitrone schälen und in Stücke schneiden. Die Äpfel und die Birne ebenfalls in Stücke schneiden und zusammen mit der Zitrone dem Spinat und dem Sellerie entsaften.

Ergibt etwa 500 ml

Grüne Energiebombe

- ½ Kopf Römersalat
- ½ Kopf Grünkohl oder Kohl
- 30 g frischer Blattspinat
- ½ Bund frische Petersilie
- 2 Selleriestangen
- 1 EL Kokosöl

Den Römersalat, den Grünkohl oder Kohl, den Spinat, die Petersilie und den Sellerie zusammen entsaften. Den Saft in Gläser gießen und das Kokosöl unterrühren.

Ergibt etwa 500 ml

Gemüsegarten

- 1 Zitrone
- 2 Äpfel
- 1 Kopf Grünkohl
- 1 Stück frischer Ingwer
- 3 Selleriestangen
- 2 Karotten

Die Zitrone schälen und in Stücke schneiden. Die Äpfel ebenfalls in Stücke schneiden und zusammen mit der Zitrone, dem Grünkohl, dem Ingwer, dem Sellerie und den Karotten entsaften.

Ergibt etwa 500 ml

Karotten-Milch

- 250 ml Haselnussmilch (Seite 61)
- 2 Süßkartoffeln
- 4 Karotten

Die Haselnussmilch nach dem Grundrezept auf Seite 61 zubereiten. Die Süßkartoffeln in Stücke schneiden und zusammen mit den Karotten entsaften. Den Saft in Gläser gießen und die Haselnussmilch unterrühren.

Ergibt etwa 500 ml

Paranussmilch
2 Mangos
¼ Ananas

TROPISCHER SATTMACHER

Die Paranussmilch nach dem Grundrezept auf Seite 61 zubereiten (ergibt etwa 250 ml). Die Mangos schälen und die Kerne entfernen. Die Ananas schälen, in Stücke schneiden und zusammen mit den Mangos entsaften. Den Saft in Gläser gießen und die Paranussmilch unterrühren.

Ergibt etwa 500 ml

Süße Bete

250 ml Paranussmilch (Seite 61)

2 Bananen

1 Orange

1 Knolle Gelbe Bete

8 Blätter Grünkohl

Die Paranussmilch nach dem Grundrezept auf Seite 61 zubereiten. Die Bananen und die Orange schälen. Die Orange und die Gelbe Bete in Stücke schneiden und zusammen mit den Bananen und dem Grünkohl entsaften. Den Saft in Gläser gießen und die Paranussmilch unterrühren.

Ergibt etwa 500 ml

Apfelstrudel

250 ml Paranussmilch (Seite 61)

2 Äpfel

1 Stück frischer Ingwer

6 Karotten

eine Prise gemahlener Zimt

Die Paranussmilch nach dem Grundrezept auf Seite 61 zubereiten. Die Äpfel in Stücke schneiden und zusammen mit dem Ingwer und den Karotten entsaften. Den Saft in Gläser gießen und die Paranussmilch unterrühren.

Ergibt etwa 500 ml

Beeren + Nuss

250 ml Paranussmilch (rechts)

2 Bananen

500 g Erdbeeren

500 g Blaubeeren

Die Paranussmilch nach dem Grundrezept rechts zubereiten. Die Bananen schälen und zusammen mit den Erdbeeren und den Blaubeeren entsaften. Den Saft in Gläser gießen und die Paranussmilch unterrühren.

Ergibt etwa 500 ml

Grundrezept Nussmilch

75 g Nusskerne (Mandel-, Paranuss-, Cashew- oder Haselnusskerne)

250 ml Wasser, plus Wasser zum Einweichen

½ EL Ahornsirup (nach Geschmack)

eine Prise Salz (nach Geschmack)

Die Nusskerne in einer kleinen Schüssel mindestens 5, besser noch bis zu 24 Stunden in Wasser einweichen. Dann das Wasser abgießen und die Nüsse zusammen mit 250 ml Wasser entsaften. Die frische Nussmilch in Gläser gießen, ganz nach Geschmack mit Ahornsirup und Salz verfeinern.

Ergibt etwa 250 ml

Gewürz-Schoko-Milch

500 ml Haselnussmilch (oben rechts)

2 EL Kakaopulver

eine Prise Cayenne-Pfeffer

3 EL Honig

eine Prise gemahlener Zimt

Die Haselnussmilch nach dem Grundrezept oben rechts zubereiten. Das Kakaopulver, den Pfeffer, den Honig und den Zimt unter die Milch rühren.

Ergibt etwa 500 ml

Nussig-fruchtiger Sattmacher

250 ml Haselnussmilch (oben rechts)

1 kleine Süßkartoffel

5 Karotten

125 g Cranberrys

eine Prise gemahlener Zimt

Die Haselnussmilch nach dem Grundrezept oben zubereiten. Die Süßkartoffel in Stücke schneiden und zusammen mit den Karotten und den Cranberrys entsaften. Den Saft in Gläser gießen, die Haselnussmilch unterrühren.

Ergibt etwa 500 ml

Gemüse-Power-Saft

½ Zitrone

2 Äpfel

½ Gurke

60 g frischer Blattspinat

6 Blätter Grünkohl

1 Stück frischer Ingwer

4 Selleriestangen

Die Zitrone schälen und in Stücke schneiden. Die Äpfel und die Gurke ebenfalls in Stücke schneiden und zusammen mit dem Spinat, dem Grünkohl, dem Ingwer und dem Sellerie entsaften.

Ergibt etwa 500 ml

Grüne Tiefenbehandlung

1 Orange

2 Knollen Rote Bete

60 g Brokkoli, in Röschen

8 Blätter Grünkohl

½ Bund frische Petersilie

1 EL Kokosöl

Die Orange schälen und in Stücke schneiden und zusammen mit dem Brokkoli, dem Grünkohl, der Petersilie und der Roten Bete entsaften. Den frischen Saft in Gläser gießen und das Kokosöl unterrühren.

Ergibt etwa 500 ml

Grüne Rundum-Behandlung

1 Orange

1 Avocado

2 grüne Äpfel

1 kleine Süßkartoffel

½ Gurke

185 Kraut, grob gehackt

1 kleine Jalapeño-Chilischote

Die Orange und die Avocado schälen und den Avocadokern entfernen. Die Orange, die Äpfel, die Süßkartoffel und die Gurke in Stücke schneiden. Das Kraut grob hacken und zusammen mit der Orange, der Avocado, den Äpfeln, der Süßkartoffel, der Gurke und der Chilischote entsaften.

Ergibt etwa 500 ml

Supersalat

2 Gurken

1 Apfel

6 Blätter Grünkohl

60 g frischer Blattspinat

3 Selleriestangen

3 Karotten

Die Gurken und den Apfel in Stücke schneiden und zusammen mit dem Grünkohl, dem Spinat, dem Sellerie und den Karotten entsaften.

Ergibt etwa 500 ml

DETOX

In diesem Kapitel

Säfte, die ENTGIFTEN

Kennen Sie das auch: ein zu schweres Abendessen oder am Vorabend zu tief ins Glas geblickt? Das passiert vielen von uns, vor allem im Urlaub oder während der Feiertage. Zum Glück können Säfte schnell und einfach Abhilfe schaffen. Entgiftende Säfte bestehen aus Zutaten, die die Leber und den Stoffwechsel anregen. So werden Giftstoffe einfach weggespült und der Körper wird wieder mit Vitamin B versorgt, das ihm bei übermäßigem Alkoholkonsum oder durch Fast Food und ungesunde Ernährung entzogen wird. Die nährstoff- und elektrolytreichen Säfte in diesem Kapitel lassen Giftstoffen keine Chance und versorgen und stärken uns mit ausreichend Vitaminen und Mineralstoffen, während sich der Körper reinigt. Zitrusfrüchte, Gewürze, Chili und farbenfrohes Gemüse sorgen für köstliche Abwechslung.

Ein Detox-Saft sollte zwei wichtige Eigenschaften haben: Er sollte den Körper mit Flüssigkeit versorgen, den Elektrolythaushalt ins Gleichgewicht bringen und Giftstoffe einfach wegspülen; andererseits sollen die körpereigenen Detox-Prozesse gestärkt und angeregt werden. Indem man Kokoswasser oder ganz normales Wasser zu den Säften mischt, werden die Säfte wunderbar mild, der Körper wird mit Flüssigkeit versorgt und die Ausscheidung von Giftstoffen wird angeregt. Frische Chilischoten, Knoblauch, Ingwer und wärmende Gewürze bringen die Entgiftungsprozesse in Schwung. Außerdem regen sie das Verdauungssystem an, sorgen für eine erhöhte Blutzirkulation und sind reich an Antioxidantien. Dazu eine Handvoll Obst und Gemüse, wie leberentgiftende Rote Bete oder keimtötende Tomate, und Sie erhalten einen ausgewogenen, farbenfrohen Detox-Saft.

Noch mehr entgiftende Zutaten finden Sie auf den Seiten 68-69.

entgiftende ZUTATEN

Chilischoten

Capsaicin, der aktive Bestandteil, dem Chili den feurigen Geschmack zu verdanken hat, kurbelt nachweislich die Verdauung an, ist durchblutungsfördernd, senkt den Cholesterinspiegel und hilft bei Kopf-und Gelenkschmerzen. Außerdem gibt es Ihren Lieblingssäften einen Extrakick.

Tomaten

Tomatensaft senkt das Cholesterin und wirkt als natürliches Antiseptikum. Die in Tomaten enthaltene Säure regt die Leber an, die eine entscheidende Rolle im Entgiftungsprozess spielt.

Ingwer

Ingwer sorgt bei einem gereiztem Verdauungssystem für Entspannung und fördert die Ausschwemmung von Giftstoffen.

Kokoswasser

Wie Wasser wirkt Kokoswasser harntreibend und sorgt dafür, dass Giftstoffe aus dem Körper geschwemmt werden. Gleichzeitig versorgt es den Körper aber auch mit Flüssigkeit. Nicht konzentriertes Kokoswasser bringt den Flüssigkeitshaushalt ins Gleichgewicht, da es reich an Elektrolyten ist, und verleiht frischen Fruchtsäften natürliche Süße.

Melonen

Wassermelonen und die meisten anderen Melonensorten bestehen bis zu 90 % aus Wasser und sind außerdem nährstoffreich und kalorienarm. Wassermelonen enthalten reichlich Vitamin C und das Antioxidans Lycopin. Zucker- und Honigmelone enthalten viel Vitamin C, B und A und Kalium.

Zitronen + Limetten

Zitrusfrüchte sind reich an Vitamin C, das das Immunsystem stärkt und auf natürliche Weise Energie liefert. Sowohl Zitronen als auch Limetten geben Säften einen erfrischenden Geschmack. Meyer-Zitronen sind ein tolles natürliches Süßungsmittel (Sie können sie durch zwei Teile Zitrone und einen Teil Orange oder Mandarine ersetzen).

Erdbeer-Guave

4 Mandarinen

1 Limette

6 Guaven

125 g Erdbeeren

Die Mandarinen und die Limette schälen und in Stücke schneiden. Die Guaven ebenfalls in Stücke schneiden und zusammen mit den Mandarinen, der Zitrone und den Erdbeeren entsaften.

Ergibt etwa 500 ml

Limette-Kokos-Melone

½ Wassermelone, ohne Kerne (etwa 500 g)

1 Limette

1 TL Honig

60 ml Kokoswasser

Die Wassermelone und die Limette schälen, in Stücke schneiden und entsaften. Den Saft in Gläser gießen, den Honig und das Kokoswasser unterrühren.

Ergibt etwa 500 ml

Roter Chia-Mix

300 g Wassermelone, ohne Kerne

1 Zitrone

250 g Erdbeeren

1 Stück frischer Ingwer

1 EL Chiasamen

Die Schale der Wassermelone entfernen. Die Melone und die Zitrone in Stücke schneiden und zusammen mit den Erdbeeren und dem Ingwer entsaften. Den frischen Saft in Gläser gießen, die Chiasamen unterrühren.

Ergibt etwa 500 ml

Power-Detox-Kur

1 Orange

150 g Wassermelone, ohne Kerne

1 Knolle Rote Bete

250 g Granatapfelkerne

250 g Himbeeren

Die Orange und die Wassermelone schälen, in Stücke schneiden und zusammen mit der Roten Bete, den Granatapfelkernen und den Himbeeren entsaften.

Ergibt etwa 500 ml

1 Limette
3 Tomaten
2 Gurken
1 Knolle Rote Bete

TIEFROTER POWER-DRINK

Die Limette schälen und in Stücke schneiden. Die Tomaten, die Gurken und die Rote Bete ebenfalls in Stücke schneiden und zusammen mit der Limette entsaften.

Ergibt etwa 500 ml

Tropische Virgin Mary

- ¼ Ananas
- 2 Tomaten
- 1 kleines Stück frischer Meerrettich oder 1 EL Meerrettich aus dem Glas
- 2 Selleriestangen
- ¼ Bund frische Petersilie
- ½ Kopf Eichblattsalat

Die Ananas schälen und in Stücke schneiden. Die Tomaten ebenfalls in Stücke schneiden und zusammen mit der Ananas, dem Meerrettich, dem Sellerie, der Petersilie und dem Eichblattsalat entsaften.

Ergibt etwa 500 ml

Tomatensalat im Glas

- 1 Limette
- 3 Tomaten
- 2 Gurken
- 8 Blätter Grünkohl
- 3 Selleriestangen

Die Limette schälen und in Stücke schneiden. Die Tomaten und die Gurken ebenfalls in Stücke schneiden und zusammen mit der Limette, dem Grünkohl und dem Sellerie entsaften.

Ergibt etwa 500 ml

Super-Detox-Zaubertrank

1 Zitrone

2 grüne Äpfel

1 Gurke

1 Knolle Rote Bete

1 Stück frischer Ingwer

3 Selleriestangen

Die Zitrone schälen und in Stücke schneiden. Die Äpfel, die Gurke und die Rote Bete ebenfalls in Stücke schneiden und zusammen mit der Zitrone, dem Ingwer und dem Sellerie entsaften.

Ergibt etwa 500 ml

Elektrolytausgleich

1 Limette

2 Äpfel

1 Gurke

½ Fenchelknolle

8 Blätter Grünkohl

250 ml Kokoswasser

Die Limette schälen und in Stücke schneiden. Die Äpfel, die Gurke und den Fenchel ebenfalls in Stücke schneiden und zusammen mit der Limette und dem Grünkohl entsaften. Den frischen Saft in Gläser gießen und das Kokoswasser unterrühren.

Ergibt etwa 500 ml

Karottenkraft

1 Knoblauchzehe

1 Stück frischer Ingwer

1 Kopf Eichblattsalat

8 Karotten

Den Knoblauch schälen und zusammen mit dem Ingwer, dem Eichblattsalat und den Karotten entsaften.

Ergibt etwa 500 ml

Gesundes Wunderwasser

1 Zuckermelone

1 Limette

1 kleines Stück frische Kurkuma

½ Jalapeño-Chilischote

8 Basilikumblätter

250 ml Kokoswasser

Die Zuckermelone und die Limette schälen, in Stücke schneiden und zusammen mit der Kurkuma, der Chilischote und dem Basilikum entsaften. Den Saft in Gläser gießen und das Kokoswasser unterrühren.

Ergibt etwa 500 ml

2 Meyer-Zitronen
6 Nashi-Birnen
1 Stück frischer Ingwer

INGWER-NASHI-BIRNEN-SAFT

Ergibt
etwa 500 ml

Die Zitronen schälen und in Stücke schneiden. Die Nashi-Birnen ebenfalls in Stücke schneiden und zusammen mit dem Ingwer entsaften.

Scharfer Apfel-Gurken-Saft

1 Zitrone

4 grüne Äpfel

1 Gurke

1 kleine rote Chilischote

1 Stück frischer Ingwer

Die Zitrone schälen und in Stücke schneiden. Die Äpfel und die Gurke ebenfalls in Stücke schneiden und zusammen mit der Zitrone, der Chilischote und dem Ingwer entsaften.

Ergibt etwa 500 ml

Ingwer-Rote Bete + Apfel

3 Knollen Rote Bete

1 Apfel

3 große Karotten

1 Stück frischer Ingwer

15 g Spinat oder Grünkohl

Die Rote Bete und den Apfel in Stücke schneiden und zusammen mit den Karotten, dem Ingwer und dem Blattgemüse entsaften.

Ergibt etwa 500 ml

Frischer Mango-Kokos-Saft

4 Mangos

1 Limette

250 ml Kokoswasser

Die Mangos schälen und die Kerne entfernen. Die Limette schälen und in Stücke schneiden. Die Mangos und die Limette zusammen entsaften. Den Saft in Gläser gießen und das Kokoswasser unterrühren.

Ergibt etwa 500 ml

Pfeffriger Rote-Bete-Saft

2 Orangen

2 Knollen Rote Bete

1 Stück frischer Ingwer

3 Karotten

eine Prise Cayenne-Pfeffer

Die Orangen schälen und in Stücke schneiden. Die Rote Bete ebenfalls in Stücke schneiden und alles zusammen mit dem Ingwer und den Karotten entsaften. Den Saft in Gläser gießen und mit Cayenne-Pfeffer würzen.

Ergibt etwa 500 ml

Rote-Bete-Apfel-Saft

4 rote Äpfel

3 Knollen Rote Bete

250 ml Kokoswasser

Die Äpfel und die Rote Bete in Stücke schneiden und zusammen entsaften. Den Saft in Gläser gießen und das Kokoswasser unterrühren.

Ergibt etwa 500 ml

Detox-Spinat-Petersilie-Saft

1 Zitrone

3 grüne Äpfel

120 g Spinat

1 Bund frische Petersilie

½ Jalapeño-Chilischote

Die Zitrone schälen und in Stücke schneiden. Die Äpfel ebenfalls in Stücke schneiden und zusammen mit der Zitrone, dem Spinat, der Petersilie und der Chilischote entsaften.

Ergibt etwa 500 ml

1 Papaya
1/4 Ananas
1 Jalapeño-Chilischote
1 Birne

TROPISCHE SCHÄRFE

Die Papaya und die Ananas schälen und in Stücke schneiden. Die Birne ebenfalls in Stücke schneiden und zusammen mit der Papaya, der Ananas und der Chilischote entsaften.

Ergibt etwa 500 ml

Scharfer Melonen-Power-Saft

- ½ Wassermelone
- 1 Serrano-Chilischote
- 8 frische Basilikumblätter
- 125 g Kokoswasser

Die Wassermelone schälen, in Stücke schneiden und zusammen mit der Chilischote und dem Basilikum entsaften. Den Saft in Gläser gießen und das Kokoswasser unterrühren.

Ergibt etwa 500 ml

Orangen-Aloe-Detoxkur

- 2 Grapefruits
- 2 Orangen
- 1 großes Stück Aloe Vera
- 1 Jalapeño-Chilischote

Die Grapefruits und die Orangen schälen, in Stücke schneiden und zusammen mit der Aloe Vera und der Chilischote entsaften.

Ergibt etwa 500 ml

Katermedizin

1 mittelgroße Wassermelone
1 Limette
1 Gurke
1 Stück frischer Ingwer

Die Wassermelone und die Limette schälen. Die Limette, die Gurke und die Melone in Stücke schneiden und zusammen mit dem Ingwer entsaften.

Ergibt etwa 500 ml

Kaki mit Pfiff

2 reife Kakis (z.B. Fuyu-Kakis)
1 Stück frischer Ingwer
1 kleines Stück frische Kurkuma
125 g Granatapfelkerne
4 Karotten

Die Kakis entstielen, in Stücke schneiden und zusammen mit dem Ingwer, der Kurkuma, den Granatapfelkernen und den Karotten entsaften.

Ergibt etwa 500 ml

Aloe-Melonen-Erfrischung

1 kleine Honigmelone
1 Limette
1 Orange
1 Gurke
1 großes Stück Aloe Vera

Die Schale und die Kerne der Melone entfernen und das Fruchtfleisch in Stücke schneiden. Die Limette und die Orange schälen und ebenfalls in Stücke schneiden. Die Gurke in Stücke schneiden und zusammen mit der Melone, der Limette, der Orange und der Aloe Vera entsaften.

Ergibt etwa 500 ml

Karotte-Apfel-Ingwer

1 Zitrone
3 grüne Äpfel
1 Stück frischer Ingwer
5 Karotten

Die Zitrone schälen und in Stücke schneiden. Die Äpfel ebenfalls in Stücke schneiden und zusammen mit der Zitrone, dem Ingwer und den Karotten entsaften.

Ergibt etwa 500 ml

STÄRKE

In diesem Kapitel

Säfte, die STÄRKEN

Die immunsystemstärkenden Säfte in diesem Kapitel sollten auch Sie in Ihre tägliche Ernährung integrieren. Unseren Körper zu schützen bedeutet, das Immunsystem zu stärken, damit Keime und für Knochen, Organe und Blutgefäße gefährliche Krankheiten keine Chance haben und wir Stress und Schlafmangel besser wegstecken können. Die Säfte in diesem Kapitel eignen sich perfekt, um das Immunsystem täglich zu stärken, sie können aber auch vor und nach körperlichen Herausforderungen getrunken werden. Säfte mit immunsystemstärkenden Eigenschaften helfen Ihnen durch den Winter und die Grippezeit, lassen Sie anstrengende Reisen oder emotional schwierige Zeiten überstehen und schützen Ihren Körper, wenn Sie starkem Stress ausgesetzt sind.

Obst und Gemüse, denen man gesundheitsfördernde Wirkung nachsagt, sind hier genau die richtigen Zutaten: Immer her mit Karotten, die die Sehkraft stärken, und mit Zitrusfrüchten, die reich an Vitamin C sind! Kombiniert mit Granatapfel oder Blaubeeren, die Krankheiten vorbeugen und reich an Antioxidantien sind, und abwehrkräftestärkenden Zutaten, wie Ingwer und Chili, haben Krankheiten keine Chance. Geben Sie diesen Säften einen Platz in Ihrem täglichen Ernährungsplan, so fühlen Sie sich jederzeit voller Energie und Kraft und Ihr Körper ist bestens geschützt.

Noch mehr immunsystemstärkende Zutaten finden Sie auf den Seiten 90-91.

immunsystemstärkende ZUTATEN

Granatapfel

Granatapfelsaft enthält Antioxidantien, die die Zellen vor Oxidation schützen. Granatäpfel sind außerdem reich an Vitamin C, was die Abwehrkräfte stärkt.

Orangen

Zitrusfrüchten enthalten jede Menge Vitamin C und Kalium – beides Nährstoffe, die das Immunsystem und die Abwehrkräfte stärken.

Blaubeeren

Diese kleinen, aber umso gesünderen Beeren sind reich an Antioxidantien, die nachweislich die Gedächtnisleistung unterstützen. Außerdem enthalten sie Flavonoide, die unseren Körper vor Krebs und Herzkrankheiten schützen.

Chilischoten

Scharfe Chilischoten, wie Jalapeño, Serrano und Thai, sind reich an Vitamin C und Vitamin A, beugen dadurch Infektionen vor und stärken das Immunsystem.

Karotten

Karotten sind nicht nur gut für die Augen, sie verringern auch nachweislich das Krebs- und Arthritis-Risiko. Karotten enthalten jede Menge Vitamin A, Beta-Carotinoide und andere gesunde Carotinoide.

Blaubeer-Bombe

1 Grapefruit

1 Limette

2 Äpfel

250 g Blaubeeren

2 Karotten

Die Grapefruit und die Limette schälen und in Stücke schneiden. Die Äpfel ebenfalls in Stücke schneiden und zusammen mit der Grapefruit, der Limette, den Blaubeeren und den Karotten entsaften.

Ergibt etwa 500 ml

Antioxidativer Zaubertrank

½ Zitrone

5 Tomaten

1 Gurke

1 Selleriestange

1 Karotten

Die Zitrone schälen. Die Tomaten und die Gurke in Stücke schneiden und zusammen mit der Zitrone, dem Sellerie und der Karotte entsaften.

Ergibt etwa 500 ml

Karotten-Power

2 Orangen

4 Selleriestangen

4 Karotten

Die Orangen schälen, in Stücke schneiden und zusammen mit dem Sellerie und den Karotten entsaften.

Ergibt etwa 500 ml

Herz-Schutz-Saft

½ Limette

2 rote Paprikaschoten

1 Tomate

1 Gurke

1 Jalapeño-Chilischote

Die Limette schälen. Die Paprikaschoten, die Tomate und die Gurke in Stücke schneiden und zusammen mit der Limette, der Gurke und der Chilischote entsaften.

Ergibt etwa 500 ml

2 Granatäpfel
1 Grapefruit
1 Stück frischer Ingwer
4 Karotten

KRAFTPAKET

Kältevertreiber

- 2 Orangen
- 1 Limette
- 1 Mango
- 250 g Granatapfelkerne
- ½ Jalapeño-Chilischote

Die Orangen und die Limette schälen und in Stücke schneiden. Die Mango schälen und den Kern entfernen. Alle Zutaten zusammen entsaften.

Ergibt etwa 500 ml

Ingwer-Beeren-Granatapfel

- 2 Tangerinen
- 2 rote Äpfel
- 250 g Granatapfelkerne
- 250 g Himbeeren
- 1 Stück frischer Ingwer

Die Tangerinen schälen. Die Äpfel in Stücke schneiden und zusammen mit den Granatapfelkernen, den Himbeeren, dem Ingwer und den Tangerinen entsaften.

Ergibt etwa 500 ml

Die Granatapfelkerne aus dem Gehäuse lösen. Die Grapefruit schälen, in Stücke schneiden und zusammen mit den Granatapfelkernen, dem Ingwer und den Karotten entsaften.

Ergibt etwa 500 ml

5-fache Powerdosis

1 Mango

1 Limette

1 Orange

¼ Ananas

10 frische Minzeblätter

Die Mango schälen und den Kern entfernen. Die Limette, die Orange und die Ananas schälen, in Stücke schneiden und zusammen mit der Mango und der frischen Minze entsaften.

Ergibt etwa 500 ml

Orangen-Rote-Bete-Saft

4 Orangen

3 Knollen Rote Bete

Die Orangen schälen und in Stücke schneiden. Die Rote Bete ebenfalls in Stücke schneiden und zusammen mit den Orangen entsaften.

Ergibt etwa 500 ml

Tropische Wunderwaffe

3 Papayas

1 Limette

1 Mango

Die Papaya und die Limette schälen und in Stücke schneiden. Die Mango schälen, den Kern entfernen und zusammen mit der Papaya und der Limette entsaften.

Ergibt etwa 500 ml

Melone-Kiwi-Limette

½ Honigmelone

4 Kiwis

1 Limette

Die Melone, die Kiwis und die Limette schälen, in Stücke schneiden und zusammen entsaften.

Ergibt etwa 500 ml

BEEREN-GRANATAPFEL-SAFT

3 Granatäpfel
250 g Brombeeren
250 g Blaubeeren

Die Granatapfelkerne aus dem Gehäuse lösen und zusammen mit den Brombeeren und den Blaubeeren (oder insgesamt 500 g gemischten Beeren) entsaften.

Ergibt etwa 500 ml

Beeren-Power

125 g Himbeeren

125 g Blaubeeren

125 g frische Cranberrys oder aufgetaute Tiefkühlcranberrys

250 ml Kokoswasser

2 EL Honig

Die Himbeeren, die Blaubeeren und die Cranberrys zusammen entsaften. Den fertigen Saft in Gläser gießen, den Honig und das Kokoswasser unterrühren.

Ergibt etwa 500 ml

Energiekick

2 Orangen

2 Tangerinen

250 g Blaubeeren

2 EL Chiasamen

Die Orangen und die Tangerinen schälen, in Stücke schneiden und zusammen mit den Blaubeeren entsaften. Den fertigen Saft in Gläser gießen und die Chiasamen unterrühren.

Ergibt etwa 500 ml

1 Orange
½ Zitrone
¼ Ananas
2 Karotten

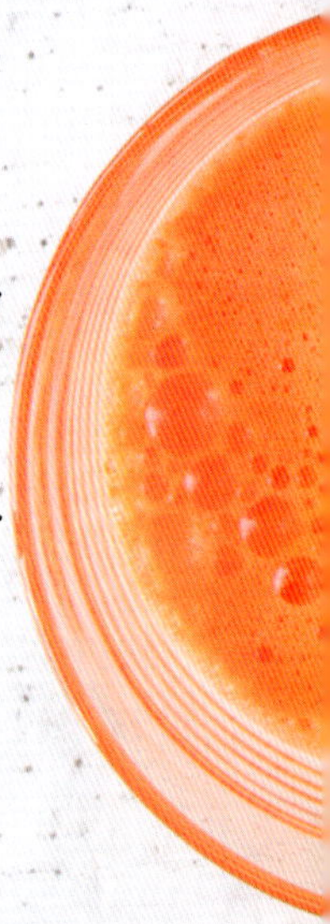

KAROTTEN-ANANAS-SAFT

Die Orange, die Zitrone und die Ananas schälen, in Stücke schneiden und zusammen mit den Karotten entsaften.

Ergibt etwa 2 Gläser (500 ml)

Karotten-Weizengras-Saft

60 g Weizengras, ohne Wurzel
8 Karotten

Das Weizengras und die Karotten zusammen entsaften.

Ergibt etwa 500 ml

Orangen-Booster

1 Zitrone
1 Orange
1 Papaya
1 kleines Stück frische Kurkuma
1 Stück frischer Ingwer
8 Karotten

Die Zitrone, die Orange und die Papaya schälen, in Stücke schneiden und zusammen mit der Kurkuma, dem Ingwer und den Karotten entsaften.

Ergibt etwa 500 ml

Kohl-Kur

1 Zitrone

2 Birnen

2 Äpfel

185 g Kohl, grob gehackt

8 Blätter Grünkohl

Die Zitrone schälen und in Stücke schneiden. Die Birnen und Äpfel ebenfalls in Stücke schneiden und zusammen mit der Zitrone, dem Kohl und dem Grünkohl entsaften.

Ergibt etwa 500 ml

Spritziger Kirschsaft

2 Tangerinen

1 Zitrone

2 Äpfel

185 g entkernte Süßkirschen oder aufgetaute Tiefkühlkirschen

5 Karotten

Die Tangerinen und die Zitrone schälen und in Stücke schneiden. Die Äpfel ebenfalls in Stücke schneiden und zusammen mit den Tangerinen, der Zitrone, den Kirschen und den Karotten entsaften.

Ergibt etwa 500 ml

Scharfer Fruchtsaft

1 Papaya

¼ Ananas

1 Birne

1 Jalapeño-Chilischote

Die Papaya und die Ananas schälen und in Stücke schneiden. Die Birne ebenfalls in Stücke schneiden und zusammen mit der Papaya, der Ananas und der Chilischote entsaften.

Ergibt etwa 500 ml

Cranberry-Birnen-Saft

3 Birnen

315 g frische Cranberrys oder aufgetaute Tiefkühlcranberrys

Die Birnen in Stücke schneiden und zusammen mit den Cranberrys entsaften.

Ergibt etwa 500 ml

REGISTER

Edel Books
Ein Verlag der Edel Germany GmbH

Neumühlen 17, 22763 Hamburg
www.edel.com
1. Auflage 2015

Erstveröffentlichung der Originalausgabe unter dem Titel „The Juice Solution"

Text und Konzept: Erin Quon, Briana Stockton
Fotos (Innenteil und Umschlag): Sara Remington
Food Stylist: Erin Quon
Prop Stylist: Christine Wolheim
Location: Oak Hill Farm of Sonoma
Models: Jessica Kane, Leonard Mueller, Hilary Seeley
Creative Director: Kelly Booth
Art Director: Alisha Petro
Designer: Rachel Lopez Metzger
Associate Publisher: Jennifer Newens
Assistant Editor: Emma Rudolph

Projektkoordination der deutschen Ausgabe: Julia Sommer
Produktionsbetreuung der deutschen Ausgabe: Print Company Verlagsges.m.b.H., Wien
Übersetzung: Daniela Schmid
Umschlagadaption der deutschen Ausgabe: Groothuis. Gesellschaft der Ideen und Passionen mbH | www.groothuis.de

Druck und Bindung: 1010 Printing, Ltd. Printed in China

ISBN 978-3-8419-0327-3

DANKSAGUNG

Weldon Owen dankt Debbie Berne, Malinda DeRouen Mueller, Lori Nunokawa, Nicole Rejwan und Krysia Zaroda für ihre Unterstützung bei der Herstellung dieses Buchs.